Niños malcriados
Rotten Children

Eïrïc R. Durändal Stormcrow

Niños malcriados
Rotten Children

Eïrïc R. Durändal Stormcrow

Colección Del Rey

Niños malcriados
Rotten Children
Primera edición: noviembre 2020
Segunda edición (bilingüe): abril 2021

Edición: Eïrïc R. Durändal Stormcrow

Diseño, diagramación y portada: Eïrïc R. Durändal Stormcrow
Traducción: Eïrïc R. Durändal Stormcrow, Luis Jefté Lacourt y Rosalina Martínez González

Gnomo, 2020
San Juan, Puerto Rico
gnomoliterario@gmail.com

ISBN: 9798736388646

We ride the bus with the knees pulled in
People should see how we're living
[. . .]
I live in a hologram with you
We're all the things that we do for fun
Lorde, **Buzzcut Season**

Prólogo

Niños malcriados parte de la premisa de que el Arte, con A mayúscula, no siempre es bueno, positivo o moral. Parte de la posibilidad de que el Arte también pueda tener espacio para el veneno y, por ende, pueda sanar, de que el Arte pueda funcionar como una botella de cristal que encierra un virus mortal y que se lanza al espacio en dirección a nuestro Sol.

Este poemario perverso solo pretende ser una válvula de escape de décadas de miasma acumulada, periodo de tiempo que comenzó antes de yo nacer, y que me ha tocado heredar, como si fuese mi responsabilidad arreglarlo. Hablo de un proyecto de Isla País que jamás despegó, de dos huracanes categoría 5 que destruyeron nuestro espíritu y forjaron nuestras comunidades desde cero, de una serie de temblores y terremotos que sacudieron y derribaron nuestros hogares y volvieron a forjarnos en fuego y acero, de una pandemia que nos enclaustró y nos dibujó el miedo de abrazarnos, besarnos, desnudarnos, y mezclar nuestros átomos, fluidos y aerosoles, y que aún nos condena como terroristas si no cubrimos nuestros rostros en público. Con estos poemas escapo y le devuelvo todo este veneno al universo.

Eïrïc
San Juan, Puerto Rico

Buzzcut

Ana llegó aquel día
con sus rizos alborotados
un mapo de pequeñas sortijas de oro
—de fantasía—
y como era alta y se sentaba al frente,
no nos dejaba ver a la maestra.
Igual aprovechábamos para jugar
o enviarnos notas sin que la Srta. Higgins
nos viera.
Un día alguien escribió:
"Ana tiene la chocha grande
y sangra mucho", Beatriz, la bocona,
lo leyó sílaba a sílaba, en alta voz
y Ana se fue al baño a llorar.
Ese día dejé de burlarme de ella
por sus ojos hinchados de tanto
desconsuelo.
El día que le quemaron el pelo,
la Sra. Jiménez le echó agua en la cabeza.
Nunca se supo quién le puso el fósforo,
aunque sospechábamos de Mike,
el hijueputa del salón,
pero nadie podía probar nada
y el daño estaba hecho.
La maestra le cortó el cabello muy pegado
y ahora Ana parecía un macho,
pero, aunque era gracioso,
no me reí, porque era injusto
y me daba rabia.
Nunca me volví a reír de ella porque ese
día descubrí que la risa provoca incendios.

El esposado de Oscar Grimm

La noche en que me reventó el apéndice
mis papás me llevaron a la emergencia
y me tuvieron que operar
porque yo era ya un niño violeta
pleno de septicemia
y recuerdo haberle gritado a Jehová Dios
que me protegiera y mis gritos a Dios
les ablandaron el corazón a varios médicos
que estaban en su receso de café.
Se unieron para sacarme de las garras de la muerte,
para interceder en ese espacio de las cosas
que todavía están vivas
pero a punto de desvanecer adonde se van
las cosas robadas y perdidas.
Y entre todos, me devolvieron a la luz.
Dicen que cuando desperté tenía un halo
bien imperceptible, pero estaba allí
porque todos querían verlo.
Mis papás se encontraron con un amigo
de la familia, Oscar Grimm,
alguacil del tribunal federal
y llevaba consigo a un hombre esposado.
Mis papás se entretuvieron tanto
que no vieron cuando el esposado
introdujo su lengua en mi boca.
Y para cuando mi madre pegó el grito,
yo ya estaba abrazado a mi ángel.

Las vanes negras

Érase una vez una ciudad en Oregón,
invadida por cerdos.
Eran negros corriendo bicicletas y,
en general, existiendo, interceptados
y secuestrados por vanes negras
y porcinos enmascarados.

Érase una serie de secuestros,
érase un exmilitar blanco que acabó
con la vida de un mamabicho KKK
y terminó abatido a tiros en Portland.

Érase un alcalde
que de seguro no saldrá reelecto.
Érase un cuatrienio de política sucia
y la mejor música.

Érase una guerra civil
que nadie nombró como tal.

La profundidad

Durante el invierno, íbamos al Lago Chester
al norte,
y patinábamos sobre el agua en estado sólido
y Janine, que en ese tiempo era mi novia,
comenzó a trazar círculos salvajes
planeta de su propio eje
y terminó en una fanfarria de gestos
de patinadora profesional.
Y el hielo cedió.

Cuando me di cuenta,
Janine se había salvado
por una micronésima de segundo.
Hasta que la empujé.
Solo por saber cómo se ve un rostro ahogado azul
que extiende sus manos hacia ti
por una salvación que se ve más interesante
desde la profundidad.

Tedio de verano

El verano es un fastidio de camas vacías
casas vacías cajas vacías
y el abandono recrece como una criatura
que solo yo, princesa del barrio, puede ver.
¿Cómo es que nadie más puede verla?
La soledad es un gato verde olivo
como montaña en mi urbanización.
Odio los gatos y el día solsticio,
atrapo en jaulas a todos los felinos
de los vecinos, les prendo fuego
y los suelto.
La orgía de maullidos flameantes
me arrebata, por unos instantes, del tedio.

Sobredosis

El día que maté a mi madre
las nubes eran negras en un cielo de sol.
Gritaba mucho, mi madre taladros
grandes campanas de iglesia bocinas de camión
gritos, alcohólica, cabrona, perra inmunda
puta, bellaca, cabrona, te odio,
sigue gritando, puta, pendeja, alcohólica,
borracha, borrachona, periquera,
date el pase, dale, date el pase,
polvo blanco, alcohol, veneno de ratas
y nadie se dará cuenta
porque pensarán que fue una sobredosis.

Edipo Elektra

El verano trae sus 100 grados,
pero ese día, por la humedad,
el índice de calor es de 105.
Papá se quita los pantalones
y los calzoncillos.
Mamá le grita que estamos presentes.
Él se queja del calor.
Y mamá lo deja
porque sabe que el calor es,
en sí mismo, una bestia.

Los huevos de papá flotan en el aire
cuelgan como bolas de ver el futuro
grandes huevos de avestruz
que se hacen más grandes
a medida juegan a subir y bajar.
Papá se queda dormido viendo episodios
repetidos de *Falcon Crest*.
Mis hermanas se acuestan a dormir
y mi mamá también.
Es verano, y nadie me obliga a dormir temprano
porque el calor es excusa para todo,
hasta para besarle las bolas a Papá,
y ver cómo suben y bajan en mi boca.

El viejo Lobo

La Nana cree que estamos dormidos.
Yo me escabullo de la cama
para encontrarla con el hocico de Lobo
sumido entre sus piernas
y un pote de Skippy abierto.
Al día siguiente, abro el pote,
me unto mantequilla de maní en el cuerpo
y espero la llegada del perro.

Cuando me mudo al hospedaje de la universidad
el viejo Lobo se muda conmigo.

El lobo estepario

Mi padre era así: estaba y no estaba.
Llegaba de su rancho,
tiraba los pantalones
donde primero cayeran
y se acostaba en el sofá a ver *M.A.S.H.*
en calzoncillos blancos
dos tallas más grandes,
cerveza en la mano izquierda
y palabras soeces
en la intención de su boca.
Era su momento del día
y no había interrupción justificable.

Así quedaba dormido hasta el otro día,
cuando a las 4:32 a.m.
se echaba al lecho junto a mami
y ponía su mano izquierda
sobre el vientre de ella,
justo debajo del ombligo
y del elástico de su panty faja de vieja.

Al alba, papi ya estaba en el rancho,
en la resaca de un ciclo nuevo
y ya caminado.
La estepa nuestra de todos los días.

Confesiones de un niño pandémico

Hoy es 14 de febrero en el Trópico de Cáncer
y la Gobernadora cerró el país.

Antes de que mis papás llegaran a casa,
salgo corriendo adonde Javi,
porque si el mundo acaba hoy,
quiero decirle que estoy enamorado de él.
Que al carajo sus padres testigos de jehová,
al carajo los *bullies* de la escuela
y los de la iglesia, al carajo las vecinas
bochincheras y metiches
que mantienen la ley y el orden
en el Falansterio,
al carajo el hijo del pastor,
aunque esté bien bueno y dé su peludo culo.
Quiero estar con él.

Esperaba un escupitajo, un *¿estás loco, bro?*
Pero solo me besa en la boca
bajo el marco de su puerta.
Allí, nos intercambiamos los aerosoles
sin todavía saber que así se pega el coronavirus.

Amanecer rojo

Érase una mañana
mientras escuchabas a Sufjan.
Te acariciaba las nalgas velludas
mientras descubrías tu nueva estrella.
Ya estabas harto de Lana del Rey,
crush que te duró casi un año.
Te observaba mientras
me rascaba la teta derecha,
¿qué significa eso? te pregunté
y contestaste que, o venía dinero,
o algún enemigo, derrotado finalmente
por mi exuberante belleza,
ha decidido hacerse una paja a mi nombre.
Me río porque te encanta hablar mierda
luego de una noche de mantener
a los vecinos en vilo a fuerza de gruñidos,
zarpazos, gritos, lágrimas y banderas
blancas al final.

Tu "Tell Me You Love Me"
se convierte en mi "Cinnamon Girl".
Y, en la cacofonía de dos baladas
industriales y minimalistas, nos perdemos
hasta concebir el futuro
que espero sobreviva esta pandemia.

El venenario

Un día en Philly aparece el vómito anaranjado
—que uno que otro llama presidente—
a hacer campaña en el edificio del frente
de nuestra casa. No había viento.
Eso recuerdo.

Mamá se puso una camisa de BLM
y una falda de esas suyas,
largas, llena de guindalejos baratos
y despintados. La vi salir,
desde la ventana de mi cuarto,
cruzar la calle, reunirse con varias personas
con su misma camisa
y comenzar a bailar frente a los matones
blancos de los Proud Boys.

Uno de ellos le dice una grosería.
Mamá le avienta un bofetón, aunque el tipo
tenía un arma larga y permiso de *carrier*.
Trump sale a ver de qué se trata el tumulto.
Mamá se le para al frente,
bailaora de *burlesque*,
y se le ríe en la cara mientras bate sus caderas
como bellydancer.

Cada caderazo suyo me acuerda un episodio
de una vieja serie de los noventa
en el que el villano bate un pomo de veneno
sobre una sopa
para que la niña de la casa muera
y así vengarse de su jefe.

El niño malcriado le gritaba a mamá,
que se saliera o la agarraría por la chocha
y la sacaría por la fuerza él mismo.
Ese día, mamá desapareció después de
escupirle la cara al presidente.

Redrum

Abríamos sapos en la clase de biología.
La excusa del carnicero era el descubrimiento
de una nueva américa que colonizaríamos
en los adentros de un animal extraño.
Y el Sr. Verrugas, mi sapo,
saltó con las vísceras expuestas
para caer en la cabeza de Tyrell,
el padrote futbolista del salón,
y morir allí.

Esa tarde, Tyrell me rompió la boca
en el estacionamiento.
Y todos vitorearon, me gritaron improperios,
por débil, por cobarde, por no defenderme,
yo era menos que ellos por ser golpeado
y querían dejármelo saber de todas las formas
posibles.

Al día siguiente,
llevé una botella de agua llena de gasolina,
y le prendí fuego al gimnasio
mientras los sementales del equipo de fútbol
se bañaban en las duchas.
El fuego siempre iguala las vísceras.

Halloween

Era 31 de octubre y mi madre
había muerto.
El dolor no era tan intenso.
Su muerte, de hecho, fue liberadora.
Cuando los niños llegaron a pedir dulces,
abrí las puertas con mi rostro rojo,
lleno de lágrimas,
y abracé al hombrecito esqueleto
que movía su canasta y decía *trick or treat*
con el mismo candor
que hubiera tenido yo.
Lo abracé y comencé a llorar.
Y el hombrecito esqueleto me retiró
dándome palmadas en la espalda.
"There, there" y se fue con la brujita,
la momia y el pequeño drácula.
Al día siguiente, enterramos a mi madre
y pude verla en el cementerio, a lo lejos,
decirme adiós con su mano.
Cuando pestañé, ya se había ido.
Por la noche, regresé
y todavía no habían rellenado
el hueco en la tierra.
Le eché gasolina y sal a la caja
y le dejé caer un fósforo encendido.
Púdrete, cabrona.

Cheerleaders

Yo tenía una canción pegada en la mente.
La vi salir con sus amigas porristas
hacia el estadio de la escuela.
Había práctica, pero una nube muy gris
se asomaba.
Después de todo, el verano estaba por terminar
y este otoño amenaza con ser más frío
que el año pasado.
Los cirros se volvieron cúmulos y estalló la lluvia,
que rápidamente se volvió granizo.
Y entonces sonó la alarma del pueblo.
Posibilidad de tornado.
Shoshana, la porrista, corrió hacia su auto,
pero nunca llegó al albergue.
Yo les había cortado los cables a los frenos.
Shoshana, que les dijo a todos en intermedia
que yo me metía el dedo en el culo
cuando me masturbaba,
que me comía los mocos
y que mi madre era inmigrante ilegal.
Shoshana, la chica popular, verdugo, puta, cabrona,
perdió el control de su auto y se la llevó el tornado.

Poema de los débiles

Tony me había robado la bicicleta
y se creía que no lo sabía.
Juraba y perjuraba que no,
con esa cara de niño blanquito vestido
de punta en blanco.
En otro país del mundo,
una chica como yo
le hubiera llorado a su padre.
Y su padre le hubiera dicho algo así como
"cállate porque puedo hacer
que te cases con él".

Él tenía mi bicicleta.
Gaby y Tamara lo habían visto
robarla en la escuela.
Así que llamé a primos,
me quité la falda a cuadros
y me puse la ropa negra, de ninja.
Fuimos a su casa a las 9:00 p.m.
porque sabíamos que sus padres
estaban fuera del país.
Nacho derribó la puerta
y subí las escaleras corriendo
hacia el segundo piso,
las habitaciones siempre están
en los segundos pisos,
y le lancé un puño
vendado de negro a la cara,
antes de que pudiera reaccionar.
Cayó al piso y Louis lo ató con sus manos
en la espalda, le bajamos los pantalones
y le golpeé las nalgas desnudas
con una figa de gancho de ropa
hasta que estuvieron bien rojas.

Entonces Tony se desmayó.

Nacho se excitó y me pidió permiso
para comerse a Tony allí mismo.
Dije que no me importaba.
Que yo lo que quería era mi bicicleta.
La encontré en el sótano.
Me fui por la puerta de atrás
y dejé a Nacho y a Louis con Tony.
Total, en otro país le hubieran cortado
la mano, por ladrón.
Una violación no es nada.

Canción de Alice Munro

Estábamos en el funeral
de la matriarca Grandis
y Sarah, mi amiga, lloraba profusamente
la partida de su madre.
La consolábamos entre cuatro personas,
y llega la tía ebria, Chastity Locke,
y, como siempre, con su bocota,
comenzó a hacer chistes de mal gusto
sobre su hermana, la difunta.
Comprendí que ese era su luto,
pero Sarah se levantó y le cruzó el rostro
con dos bofetones.
El altercado no escaló.
A la tía se la llevaron
y nadie le dijo nada a Sarah
porque en los funerales
se perdona casi todo,
porque estamos todos
en este mismo barco,
y, sin importar las religiones,
en el fondo sabemos
que aquí se acaba todo.

Luego sirvo la comida
porque siento que debo hacer algo
o el ocio me llevará a la tumba.
Marcos se acerca.
"Qué bonito te ves", me dice.
"Hacía tiempo que quería decírtelo".
Nos besamos en el baño
y nos quitamos la ropa.
Él lleva puesto un pequeño hilo dental
con un minúsculo rastro de mierda que
acerco a mi nariz con gusto.

Hacemos el amor allí mismo, en el inodoro,
y cuando se viene, me dice
“No puedo, me tengo que ir.
La peste a muerta me tiene mal”.
Y así como así, se va.
Me pongo la ropa disgustado
y hago una nota mental de rayarle el carro.
Siempre habrá alguien dispuesto a joderte
sin darse cuenta.

Poema de los valientes

Marena se fue de la casa con el novio
porque estaba preñada
y no quería que lo supieran.
Siempre es mejor escaparse que enfrentar.
Su cuerpo fue hallado en el Río Hudson,
adonde van las cosas perdidas y robadas
las baladas rotas y los corazones de los
padres cuando ya no pueden vivir
sin sus hijos.

Al tipo le echaron 85 años,
por la forma como la mató.
Pero nunca dijo por qué.

El día que le espetaron una cuchara
por el culo y murió desangrado,
agarré mis cosas y hui de casa.
Quería ver el mundo
antes de que a mí también
me encontraran en el Hudson.

Aquel 4 de julio

Mientras las llamas de colores
se alzaban como pájaros de fuego en el aire
Lashaun me golpeaba en el estacionamiento
de un Burger King porque, decía,
que le había robado el espacio de su carro
y que nadie le robaba el espacio de su carro
y se quedaba como si nada, no, Señor.
Me tenía acorralado
y yo solo veía sus puños aterrizar
en mi rostro, nariz, boca.
No hubo un solo resquicio
que no viese su intimidad de piel afectada.
Y cada golpe traía el trueno de los huesos rotos
como se escuchan desde dentro del cuerpo.
Los fuegos artificiales llenaban mi campo
visual de sangre
y mientras todos celebraban la independencia
yo yacía tirado en el piso,
ensangrentado,
todo por un estúpido estacionamiento.
Cuando me dejó tranquilo, vi sus manos rotas
y noté que no toda la sangre era mía.
Uno sabe estas cosas.
Yo solo dije:
“mi sangre se mezcló con la tuya y tengo vih”.

Arrepentimiento

Yo sabía, pero no sabía,
que aquel gordo bigotón de ojos amables
que se vestía de payaso
para los niños de la vecindad
tenía algo raro en su aura,
pero nadie decía nada
y yo era muy pequeña para entender.

Yo sabía, pero no sabía,
que aquel tipo llevaba a los nenes
al sótano y los tocaba
para luego darles dulces
hasta que un día se acabaron los dulces,
y los nenes desaparecieron,
Timothy, John, Michael, Szyc
y los otros 29.

Yo sabía, pero no sabía,
porque, niña al fin,
quería que el gordo payaso
de bigote amable
me llevara a mí también,
con mis amiguitos,
con Rick, mi primer beso,
y con los hermanitos
que nunca identificaron
y que se cree murieron abrazados
de terror.

Yo sabía, pero no sabía. Y hoy me pesa.

Prologue

Rotten Children departs from the premise that Art, with Capital A, is not always good, positive, or moral. It departs from the possibility that Art can also have space for venom, and thus, can heal; that Art can work as a means to escape, like a glass vial containing a lethal virus tossed into the space, en route to our Sun.

This perverse book of poetry only aims to be an escape valve for decades of accumulated miasma, a time that started before I was born, and which I've had to inherit, as if it were my duty to fix it. I mean a Country Island project that never soared, of two category 5 hurricanes that destroyed our spirit and forged our communities from scratch, of a series of earthquakes that shook and tore down our homes, and we were reforged in fire and steel, of a pandemic that forced us into lockdown and made us fear to hug, kiss, undress, and mix our atoms, fluids, and aerosols, and which still condemns us as terrorists if we do not cover our faces in public. With these poems, I escape, and return all that poison to the universe.

Eïrïc
San Juan, Puerto Rico

Buzzcut

Ana arrived that day with her rowdy curls
a mop of small golden ringlets
fine imitation jewelry
and just because she was taller and sat down at front,
she didn't let us see the teacher.
Just the same, we benefit from it to play and sent each other notes
Without letting Ms. Higgins sees us.
One day, someone wrote:
"Ana has a big pussy and bleeds like crazy",
big old mouth Beatriz, read it breaking it down by the syllable
out loud
and Ana ran to the restroom to cry.
And that day I quit making fun of her
because her eyes were swollen for so much grief.
The day they burned her hair,
Ms. Jimenez poured water over her head.
We never knew who lit the match,
although we suspected Mike, the classroom bully,
but no one could prove anything, and the harm was done.
The teacher cut her hair very short,
and now Ana looked like a butch, but, even if it was funny,
I didn't laugh, because it was unfair, and it enraged me.
I didn't laugh at her ever again
because that day I found out that laughter can start fires.

Mr. Grimm and His Ward

The night my appendix burst
my old folks took me to the emergency
and they had to operate on me
because I was a purple kid
full of septicemia
and I remember calling out to Jehovah God
to protect me
and my screams to God softened the hearts
of several doctors in their coffee break.
They joined forces to get me out
of the clutches of death,
to intercede in that space
of things that are still alive
but about to pass into shadow
where go all things lost and stolen.
And between them all
they robbed me back to light.
They say that, when I woke up,
I had a quite imperceptible halo,
yet it was there because everyone
wanted to see it.
My old folks met a friend of the family,
Oscar Grimm, a federal court marshal,
and he had with him a handcuffed man.
My parents got so carried away
that they didn't see the handcuffed man
introduce his tongue in my mouth.
And by the time my mother screamed,
I was already embraced to my angel.

The Black Vans

Once upon a time there was a city in Oregon,
invaded by pigs.
There were black people riding bikes
and, in a general sense, existing,
when they were intercepted by black vans,
masked hogs,
and being kidnapped.

Once upon a time there were a series of kidnappings,
once upon time ‘twas a white ex-military that took the life
of a KKK-son of a bitch
and ended up gunned down in Portland.

Once upon a time ‘twas major that will surely not be re-elected.
Once upon a time ‘twas a four-year term of dirty politics and the best music.

Once upon a time, ‘twas a civil war that nobody declared as such.

The Icy Deep

In winter, we used to visit Chester Lake,
to the north,
and we'd skate on the water in solid state,
and Janine, who was my girlfriend then,
started tracing savage circles
a planet on her own axis
and finished in a fanfare of movements
akin to a professional skater.
And the ice caved in.

When I noticed,
Janine had saved herself by a millisecond.
Until I pushed her.
Just to see how a drowned face looks
when, blue, it extends your hands
towards you for a salvation
that looks more interesting
from the deep.

Summer Bummer

Summer is an annoyance
of empty beds
empty houses
empty boxes
and abandonment regrows like a creature
that only I,
barrio princess,
can see.
How come nobody else can see it?
Loneliness is a mountain-like olive-green
cat
in my gated community.
I despise cats
and the day of the solstice,
I trap all the neighbor's felines in cages,
light them on fire and release them.
The orgy of blazing meows
for a few moments,
enraptures me
from the ennui.

Overdose

The day I killed my mother
clouds were dark in a solar sky.
My mother, she screamed a lot
chipping hammers
big church bells
truck horns
screams, alcoholic, fucker, filthy bitch
whore, slut, fucker, I hate you,
keep screaming, whore,
asshole, alcoholic, drunkard,
junkie, nose that line, snort it, nose that line,
white powder, alcohol, poison for rats
and no one'll be the wiser
because they'll think it was an overdose.

Oedipus Elektra

Summer brings its 100 degrees,
yet that day, due to humidity,
the heat index is of 105.
Dad takes his pants and briefs off.
Mom shouts that we're present.
He complains that it's hot.
and Mom leaves him alone
because the heat is, in itself, a beast.

Dad's balls float in the air
hanging like fortune balls
big ostrich eggs
that embiggen as they climb up and down.
Dad dozes off watching
Falcon Crest reruns.
My sisters go to sleep and so does Mom.
It's summer and nobody forces me
to tuck in early
because the heat excuses everything
even my kissing Dad's balls,
and feel as they climb up and down
in my mouth.

Good Old Lobo

Nana thinks we're asleep.
I sneak out of bed
only to find her with Lobo’s snout
sunk between her legs
with an open jar of Skippy.
Next day,
I opened the jar myself,
spread peanut butter on my body
and waited for Lobo’s arrival.

When I moved to college dorms,
good old Lobo comes along with me.

Steppenwolf

My father was like that:
he was and wasn't there.
He'd come from his ranch,
toss his pants wherever they'd land
and lie down to watch *M.A.S.H.*
in tighty whities, two sizes not too tight
on the couch, beer in left hand
and cuss words at his mouth's will.
It was his time of the day
and no interruption was justified.

He'd fall asleep like that until next day,
when at 4:32 a.m.
he'd lie in bed with mom
and place his hand on her belly,
just under her navel and the waistband
of her granny panties.

At dawn, daddy would already be at the ranch,
under the hangover of a new and already trod cycle.
Our steppe of every fucking day.

Confessions of a Pandemic Boy

Today is February 14 in the Tropic of Cancer
and the Governor shut down the country.

I run to Javi's house,
before my parents come home,
because if the world ends today,
I wanna tell him that I'm in love with him.
That, to Hell with his Jehovah Witness parents,
to Hell with the school and church bullies,
to Hell with the gossipy and noisy neighbors
who keep law and order in the Falansterio,
to Hell with the pastor's son, even if he's hot and gives up
his hairy ass,
because I want to be with Javi.

I was expecting a spittle, an *are you crazy, bro?*
But he kisses me square on the mouth
under the threshold of his door.
Right there, we exchange aerosols before we even know
that that's how you get coronavirus.

Red Dawn

T'was a morn while you listened to Sufjan.
I caressed your hairy ass
while you discovered your new star.
You are tired of Lana del Rey,
crush that lasted you a year.
I watched you while scratching my right tit,
what does that mean? I asked
and you said that either money was coming
or some enemy, finally defeated
by my lush beauty had decided
to use me as masturbation material.
I laugh because you're always full of shit
after a night of keeping the neighbors up
with groans, slashes,
cries, tears, and white flags in the end.

Your "Tell Me You Love Me" becomes
my "Cinnamon Girl."
And in the cacophony of two industrial
and minimalist ballads,
we get lost until we conceive the future
that I hope survives this pandemic.

The venomary

One day in Philly, the orange vomit appears
—who some call President—
to campaign in the building in front
of our home. There was no wind. That I remember.

Mom put on a BLM shirt and one of those skirts of hers,
long, full of old and battered appliqués.
I saw hear leave from my room's window,
cross the street, meet with several people
who wore the same shirt,
and start dancing in front of the white Proud Boys thugs.

One of them said something nasty.
Mom slapped the hell out of him, although the dude had a long firearm and carrier permit.
Trump came out to see what was going on.
Mom stood in front of him, burlesque dancer,
and laughed at his face while shaking her hips like a belly dancer.

Each hip movement of her reminds me on a episode of an old 90s series
in which the villain pours poison from a vial in a bowl of soup
so that the girl of the house can die and he can get even with his boss.

The rotten kid shouted at the mother
to get out of the way or he would grab her by the pussy
and remove her himself by force.

That day, Mom disappeared after she spat at the president's face.

Redrum

We were opening frogs in biology class.
The butcher's excuse
was the discovery of a new 'murica
that we'd colonize in the innards of a strange animal.
And Mr. Warts, my frog,
jumped with the viscera exposed
to fall on Tyrell's hair,
the football breeding stud of the classroom,
and die there.

That afternoon, Tyrell punched my face in the parking.
They all cheered him on and screamed abuse at me,
for being weak, for being a coward,
for not defending myself,
I was less than them
for being beat down
and they wanted to let me know that
in every imaginable way.

Next day,
I took a water bottle full of gasoline,
and set the gym on fire
while the football team stallions
showered in the locker room.
Fire always equalizes the viscera.

Halloween

It was October 31 and my mother had died.
The pain was not that intense.
Her death, in fact, was liberating.
When the kids came begging for candy,
I opened the doors with my face red,
full of tears,
and I hugged the little skeleton man
who shook his basket,
while saying "trick or treat"
with the same candor I would've had.
The little skeleton man withdrew,
while patting me on the back.
"There, there,"
and he left with the little witch,
the mummy, and the small dracula.
Next day we buried my mother
and I saw her at the cemetery, far away,
waving goodbye with her hand.
When I blinked, she'd already gone.
I went back at night,
and they had still not filled her hole
in the earth.
I pour gasoline and salt on the casket
and let a lit match fall.
Rot in hell, you fucking cunt.

Cheerleaders

I had a song stuck in my head.
I saw her leave towards the school stadium
with her cheerleader friends.
We had practice, but a very gray cloud
loomed in the sky.
After all, Summer was about to end
and this Fall threatens to be colder than last year.
The cirrus clouds piled up and burst in rain,
which quickly turned into hail.
And then the town's siren went off.
A chance of tornado.
Shoshana, the cheerleader, ran to her car,
but never made it to the shelter.
I'd cut her brake cables.
Shoshana, who told everyone in mid-school
that I fingered my ass
when I masturbated,
that I ate my own boogers,
and that my mother was an illegal immigrant.
Shoshana, the popular girl,
executioner, whore, fucker,
lost control of her car
and the tornado sucked her in.

A Poem for the Meak

Tony had stolen my bike
and the thought I didn't know.
He swore over and again that he didn't,
with that face of whitey kid
dressed in sharp Sunday whites.
In another country of the world,
a girl like me could have gone crying to her daddy.
And her daddy would have told her sommin' like
"shut up, 'cause I can make you marry him."

He had my bike.
Gaby and Tamara had seen him steal it at school.
So, I called my cousins,
took off my plaid uniform skirt
and put on my black ninja clothes.
We went to his house at 9:00pm
'cause we knew that his parents were abroad.
Nacho kicked the door down
and I quickly climbed the stairs to the second floor
as bedrooms are always on second floors,
and threw him a black clad punch to the face
before he could react.
He fell down and Louis tied his hands behind his back,
we pulled his pants down
and I struck his bare ass cheeks with a coat hanger wire
until they were quite red.
Then, Tony fainted.

Nacho got aroused and asked me permission
to eat Tony out right then and there.
I said I didn't care.
That what I wanted was my bike.

I found it in the basement.
I left through the back door
and left Nacho and Louis with Toney.
after all,
in another country, his hands would have been
cut off, like a thief.
A little rape is nothing.

Chanson D'Alice Munro

We were at the wake of the Grandis matriarch
and Sarah, my friend, cried profusely
for her mother's departure.
Four of us took turns consoling her,
when the drunk aunt, Chastity Locke,
arrived, and as always, with her big mouth,
started making bad jokes about her sister,
the deceased, and I understood that
that was her grief, but Sarah stood up
and crossed her face with two slaps.
The altercation did not escalate.
They took the aunt away
and nobody said anything to Sarah
because during wakes, we're all on the same boat,
and regardless of religions,
deep down we all know everything ends here.

Then, I serve the food
because I feel that I need to do something
or boredom will send me to the grave,
and Marcos approaches.
"You look so handsome," he says.
"I've been wanting to tell you for some time."
And we kissed in the bathroom
and took our clothes off.
He wore a small dental floss
with a minuscule trace of shit
that I took close to my nose with gusto.
We make love right there,
in the toilet,
and when he comes, he says "I can't,
I've gotta go.
I can't deal with the smell of shit."
And just like that, he leaves.

I put my clothes on, pissed,
and make a mental note to key his car.
There will always be someone willing
to fuck you up unwittingly.

A Poem for the Bold

Marena left the house with her boyfriend
because she was pregnant
and didn't want anyone to know.
It's always easier to escape than to handle.
Her body was found in the Hudson River,
where all things lost and stolen end up
with broken ballads and parent's hearts
when they can no longer live with their children.

The boy was sentenced to 85 years,
because of the way he killed her.
But he never said why.

The day they stuck a spoon up his ass
and bled out to death,
I took all my things
and I ran away.
Because I wanted to see the world
before I, too,
ended up in the Hudson.

That 4th of July

While colored flames
soared like birds of fire in the air
Lashaun beat me down at a Burger King's
parking lot
because, he said, that I had stolen his car's spot
and that no one takes his car's spot
and leaves like nothing,
no, Sir.
He had me cornered
and I could only see his fists land on my face,
nose, mouth.
No single chink
skipped the intimacy of affected skin.
And each hit brought the thunder
of broken bones
the way they're heard from within the body.
And the fireworks covered up
my bloodied field of vision
and while everyone celebrated independence
I was on the floor
red stained
all 'cause of a stupid parking.
When he left me alone,
I saw his broken hands
and noticed that not all the blood was mine.
One knows these things.
And I just said:
my blood mixed up with yours
and I have HIV.

Regret

I knew, but at the same time, didn't,
that the mustached fat man of kind eyes
that used to dress up as a clown for the neighborhood kids
had something weird in his aura,
but no one said anything,
and I was too small to get it.

I knew, but at the same time, didn't,
that he would take kids to the basement and touch them
and then gave them candy
until one day he ran out of candy and the kids disappeared,
Timothy, John, Michael, Szyc, and the other 29.

I knew, but at the same time, didn't,
because, being a girl, I wanted the fat clown of kind mustache
to take me too, with my little friends,
with Rick, my first kiss,
and with the little brothers who were never identified,
and who are believed to have died holding each other, in sheer terror.

I knew, but at the same time, didn't.
And today, it weighs heavy on me.

Índice

Las siguientes personas leyeron y editaron este manuscrito:

Rosalina Martínez González, escritora, editora, traductora y autora del poemario *Cadáver de bailarina y otros poemas*.

Luis Jefté Lacourt, escritor, bibliotecario, ilustrador y receptor del Premio Nacional de Cuento del Instituto de Cultura Puertorriqueña 2015.

Yolanda Arroyo Pizarro, escritora, activista y receptora del Premio Nacional de Cuento del Instituto de Cultura Puertorriqueña 2014.

Eïrïc R. Durändal Stormcrow (David Caleb Acevedo) nace en San Juan, Puerto Rico en 1980. Es escritor y artista plástico. Como escritor, ha publicado los poemarios *Bestiario en nomenclatura binomial, Empírea: Saga de la Nueva Ciudad, Pie forzado, Terrarium* y *Hustler Rave XXX: Poetry of the Eternal Survivor* (junto a Charlie Vázquez); las novelas *el Oneronauta* e *Histo- rias para pasar el fin del mundo*; los libros de cuentos *Desongberd, Las formas del diablo* y *Cielos negros*; la memoria de sexo *Diario de una puta humilde*; el libro de viajes *Crónicas del esmog*, y las antologías *Los otros cuerpos: antología de literatura gay, lésbica y queer desde Puerto Rico y su diáspora* (junto a Moisés Agosto Rosario y Luis Negrón) y *Felina: antología para gatos* (junto a Cindy Jiménez Vera).

Este libro se publicó en octubre de nuestro año pandémico (2020), en Puerto Rico, país víctima de los horrores de la Junta de Control Fiscal, Trump y su imperio indolente, una administración local caracterizada por la dejadez, el hurto, la corrupción y el robo de fondos públicos, una guerra civil no declarada hacia las mujeres y la comunidad LGBTQ+, dos huracanes categoría 5, los temblores y terremotos que comenzaron el Día de Reyes y una pandemia empoderada y posibilitada por todas las anteriores. Ante un panorama tan desolador, que la literatura sirva de escape, de norte y de salvación.

Made in the USA
Middletown, DE
12 November 2023

42455103R00038